Dinero rápido en una semana.

30 formas de ganar dinero rápidamente en una semana.

DINERO RÁPIDO EN UNA SEMANA

Por: D.K. Hawkins
Serie "Dinero rápido"
Versión 1.1 ~Noviembre 2022
Publicado por D.K. Hawkins en KDP
Copyright ©2022 por D.K. Hawkins. Todos los derechos reservados.

Ninguna parte de esta publicación puede ser reproducida, distribuida o transmitida en cualquier forma o por cualquier medio, incluyendo fotocopias, grabaciones u otros métodos electrónicos o mecánicos, o por cualquier sistema de almacenamiento o recuperación de información, sin el permiso previo por escrito de los editores, excepto en el caso de citas muy breves incorporadas en reseñas críticas y algunos otros usos no comerciales permitidos por la ley de derechos de autor.

Quedan reservados todos los derechos, incluido el de reproducción total o parcial en cualquier formato.

Toda la información contenida en este libro se ha investigado cuidadosamente y se ha comprobado su exactitud. Sin embargo, el autor y el editor no garantizan, expresa o implícitamente, que la información contenida en este libro sea apropiada para cada individuo, situación o propósito y no asumen ninguna responsabilidad por errores u omisiones.

El lector asume el riesgo y la plena responsabilidad de todas sus acciones. El autor no será responsable de ninguna pérdida o daño, ya sea consecuente, incidental, especial o de otro tipo, que pueda resultar de la información presentada en este libro.

Todas las imágenes son de uso gratuito o han sido adquiridas en sitios de fotografías de stock o libres de derechos para su uso comercial. Para la elaboración de este libro me he basado en mis propias observaciones y en muchas fuentes diferentes, y he hecho todo lo posible por comprobar los hechos y dar el crédito que corresponde. En caso de que se utilice algún material sin la debida autorización, le ruego que se ponga en contacto conmigo para corregir el descuido.

La información proporcionada en este libro tiene únicamente fines informativos y no pretende ser una fuente de asesoramiento o análisis crediticio con respecto al material presentado. La información y/o los documentos contenidos en este libro no constituyen un asesoramiento legal o financiero y nunca deben utilizarse sin consultar primero con un profesional financiero para determinar qué puede ser lo mejor para sus necesidades individuales.

El editor y el autor no ofrecen ninguna garantía ni promesa sobre los resultados que puedan obtenerse al utilizar el contenido de este libro. Nunca debe tomar ninguna decisión de inversión sin consultar primero con su propio asesor financiero y realizar su propia investigación y diligencia debida. En la medida en que lo permita la ley, el editor y el autor renuncian a toda responsabilidad en caso de que la información, los comentarios, los análisis, las opiniones, los consejos y/o las recomendaciones contenidas en este libro resulten ser inexactos, incompletos o poco fiables o den lugar a pérdidas de inversión o de otro tipo.

El contenido de este libro no pretende constituir ni constituye un asesoramiento jurídico o de inversión, y no se establece ninguna relación abogado-cliente. El editor y el autor proporcionan este libro y su contenido "tal cual". El uso que usted haga de la información contenida en este libro es por su cuenta y riesgo.

ÍNDICE DE CONTENIDOS.

ÍNDICE DE CONTENIDOS. 4
INTRODUCCIÓN. 6
DIFERENTES MANERAS DE GANAR DINERO RÁPIDAMENTE EN SÓLO UNA SEMANA. 9
   1. CREAR UN DIRECTORIO DE ARTÍCULOS. 9
   2. COMERCIO DE DIVISAS EN LÍNEA. 15
   3. MARKETING DE AFILIACIÓN. 19
   4. PUBLICAR ANUNCIOS CLASIFICADOS EN SITIOS WEB GRATUITOS. 22
   5. CONFIGURACIÓN DE LA CAMPAÑA DE NICHO. 28
   6. ESCRITURA AUTÓNOMA. 31
   7. BLOGGING. 34
   8. MARKETING EN INTERNET. 37
   9. VIDEO MARKETING. 40
   10. PHOTOSHOP. 44
   11. FOTOGRAFÍA DE ARCHIVO. 46
   12. CRAIGSLIST. 50
   13. SERVICIO DE ENTREGA. 53
   14. DESARROLLAR UN EMBUDO DE VENTAS SECRETO. 54
   15. HACER ENCUESTAS PAGADAS. 59

16. PRODUCTOS DE MARCA PROPIA. 62
17. VENTA DE OBRAS DE ARTE. 66
18. PODCAST. 72
19. GOOGLE ADSENSE. 77
20. PUNTOS DE PENSAMIENTO. 80
21. FORO. 82
22. TRABAJOS DE ENTRADA DE DATOS EN CASA. 87
23. REDACCIÓN DE LIBROS. 89
24. VENDER EN EBAY. 92
25. ORGANIZAR SEMINARIOS EN LÍNEA. 94
26. VOLTEO DE DOMINIOS. 98
27. LANZAMIENTO DE PRODUCTOS. 99
28. SITIOS WEB DE AFILIACIÓN. 101
29. PROGRAMAS DE ALTO NIVEL. 103
30. TUTORÍA EN LÍNEA. 107
CONCLUSIÓN. 113

INTRODUCCIÓN.

Puedes empezar a ganar dinero en una semana. Conseguir tus primeros ingresos online u offline en una semana es normal si has optado por trabajar online y offline y ganar dinero, tanto si tu objetivo es un empleo a tiempo completo como si es simplemente un dinero extra para gastar.

¿Por qué digo esto? Porque lo he presenciado muchas veces en los últimos años mientras ayudaba a la gente a empezar a ganar dinero online y offline.

Rara vez veo a alguien cuyo objetivo es trabajar en línea o fuera de línea y ganar dinero y que tiene una cantidad sustancial de dinero para invertir en empezar. La mayoría preferiría empezar sin dinero sustancial o habilidades especializadas.

Esto puede sonar como una orden elevada, pero felizmente, se puede cumplir. No debería sorprender que ganar dinero en línea y fuera de línea sin dinero o habilidades se llame a menudo "marketing de vagabundo".

Tienes todo lo que necesitas para lanzar tu negocio online y offline si posees o tienes acceso a un ordenador e Internet. Simplemente te faltan instrucciones claras, paso a paso, sobre cómo hacer la tarea. La mayoría de las personas realizan un estudio exhaustivo sobre cómo ganar dinero online y offline pero nunca empiezan. Quizás simplemente les falta confianza en sus capacidades.

Hay tantos artículos en el mundo (sí, el MUNDO, no sólo su ciudad, estado o país) que incluso con la ayuda de un millar de mis amigos más cercanos, no podría promover todos ellos, y si usted habla muchos idiomas, WOW, tiene aún más oportunidades.

Para empezar a ganar dinero en una semana, debes empezar inmediatamente. No puedes entonces pasar un mes estudiando, ¿verdad?

Abogo por leer este libro a fondo para que pueda absorber la mayor cantidad de información en el menor tiempo posible con las 30 mejores formas de ganar dinero rápidamente en una semana. También necesita la menor cantidad de esfuerzo de su parte.

¿Está listo para empezar? Siga leyendo……………………

DIFERENTES MANERAS DE GANAR DINERO RÁPIDAMENTE EN SÓLO UNA SEMANA.

1. CREAR UN DIRECTORIO DE ARTÍCULOS.

Esto requiere un poco más de esfuerzo, pero es bastante fácil. ¿Qué buscan los internautas? Información, y mucha.

Para poner en marcha un directorio de artículos, sólo hay que crear un sitio web básico y solicitar envíos gratuitos a los escritores. La mayoría de los escritores de artículos promueven algo como libros electrónicos, seminarios, software y talleres. Siempre buscan una exposición gratuita o barata.

Pronto tendrá acceso a miles de páginas de contenido. ¿Cómo ganará dinero? Añadiendo anuncios de Google (detalles más abajo). Usted gana dinero cada vez que alguien hace clic en uno de sus anuncios.

Muchos directorios de artículos aceptan artículos sobre diferentes temas, mientras que otros se especializan. Sólo tú puedes determinar qué opción es la mejor para ti. Me gustan los directorios especializados porque, a medida que la web crece, creo que la gente volverá a un directorio con material de calidad sobre un solo tema con más frecuencia que a un directorio con muchos artículos sobre todos los temas. Incluso cuando están separados por categorías, los "directorios con todo incluido" me resultan demasiado abrumadores. De nuevo, la elección es suya.

Promoverlo y adquirir contenido de alta calidad para su sitio web es la clave para ganar dinero con un directorio de artículos. Para obtener artículos de alta calidad sobre un tema concreto, es necesario hacer una búsqueda en la web utilizando los términos clave adecuados.

Póngase en contacto con el autor (la mayoría tendrá su información de contacto en el cuadro de recursos al final del artículo) y pídale que envíe artículos con frecuencia a su directorio. Casi siempre aceptarán.

Ahora es el momento en que su sitio web debería despegar de verdad. Una vez que los motores de búsqueda hayan indexado su directorio, muchos comenzarán a enviarle contenido automáticamente. Una vez que tenga unos cuantos cientos de artículos en su directorio (y esto puede llevarle tan sólo unas semanas si se esfuerza), coloque esos anuncios de Google en cada página, y voilá: tendrá cientos de páginas de contenido con publicidad que, cada vez que se haga clic en ellas, le generarán ingresos.

Para empezar, puedes seleccionar automáticamente el contenido de muchos directorios de artículos de Internet. Al buscar "directorio de artículos", aparecen aproximadamente 3,5 millones (sí, ¡millones!) de resultados.

Software para directorios de artículos: Si está dispuesto a gastar un poco de dinero, puede adquirir un software que automatice todo el proceso.

Una búsqueda de "software para directorios de artículos" arroja casi 500.000 resultados. Puede comprar e instalar la mayoría del software o hacer que el editor lo instale por usted. La autoinstalación requiere un alto nivel de conocimientos técnicos.

Antes de crear un directorio de artículos, le sugiero que dedique muchas horas a investigar el tema mediante la lectura. Aunque se trata de una idea muy sencilla, puede requerir mucho trabajo inicial, pero puede compensar con creces a lo largo de los meses y años.

Visite Google.com para obtener más información sobre la adquisición de los anuncios de Google que aparecen en muchos sitios web. Seleccione "Programas de marketing" (un botón de texto plano justo debajo del cuadro de búsqueda). Haga clic en "Para editores web: Google AdSense". Haga clic finalmente en "¿Qué es AdSense? Visita rápida" Se le enseñará la aplicación en su totalidad, y podrá ponerla en marcha en cinco minutos.

Si te apasiona algo y puedes dirigirte a un nicho muy definido, puedes crear un blog sobre ello, añadir algunos anuncios de Google AdSense y ganar unos cientos de dólares cada mes sin demasiado esfuerzo. ¿Desea ganar más? Como con cualquier otra cosa en la vida, cuanto más tiempo inviertas, mayores serán tus ingresos.

Existe incluso un nuevo sitio web, Scoopt.com, que funciona como agente literario para los blogs. ¿A qué me refiero? En concreto, "te ayudan a obtener licencias para el uso comercial y no comercial de tu blog". En esencia, te ayudan a vender el contenido de tu sitio. Vea la información completa en su sitio web.

Los blogs ya no se limitan a desahogarse sobre su más reciente relación desastrosa o la chapuza del peluquero. Son medios profesionales para producir dinero en el presente.

Para leer un caso práctico que demuestra cómo una afición personal puede transformarse en un blog popular que produce dinero, visite ProBlogger.net y busque "Back in Skinny Jeans". El artículo debería aparecer. Es bastante interesante de leer.

Para crear un blog, visita blogger.com, crea una cuenta y empieza a bloguear. Es gratis.

No hay estafas para hacerse rico. Mi objetivo en Inkwell Editing es ayudar a los autónomos editoriales y creativos a ganarse la vida. Como muchos otros, nunca te garantizaré que "ganarás miles al mes simplemente realizando x". No te fíes del bombo y platillo.

Llevo trabajando en el sector editorial desde 1987 y como autónomo desde 1993. He oído hablar de muchos programas y los he utilizado. La única forma de ganar dinero es esforzarse continuamente en algún empeño. Se necesita tiempo y esfuerzo, tiempo y esfuerzo.

La buena noticia es que Internet hace que sea más fácil que nunca ganar un trabajo como creativo, y se puede lograr "bastante" fácilmente si se eligen formas eficaces y se ponen en práctica con regularidad.

2. COMERCIO DE DIVISAS EN LÍNEA.

¿Su comercio en línea 4forextrading ha llegado a un punto muerto? Usted entra en una operación sólo para revertirla, resultando en una pérdida. ¿Ha deseado alguna vez un método que le haga ganar dinero de forma consistente sin requerir una atención constante? Tengo algo que podría encontrar útil.

Esta sección asume que usted está familiarizado con los gráficos de Forex en línea utilizando estudios técnicos, incluyendo la Media Móvil Exponencial, MACD y Estocástico. Yo utilizo los gráficos técnicos gratuitos de Wizetrade Forex y MB Trading para mis necesidades de gráficos.

Inicialmente, el descargo de responsabilidad.

El comercio de divisas es una oportunidad difícil que ofrece rendimientos superiores a la media a los operadores con formación y experiencia que estén dispuestos a asumir un riesgo superior a la media. Antes de optar por el comercio de divisas, debe evaluar sus objetivos de inversión, su nivel de experiencia y su tolerancia al riesgo.

Nunca debe invertir más dinero del que pueda permitirse perder. Antes de adoptar una nueva estrategia en una cuenta real, suele ser prudente probarla primero sobre el papel.

Tipo de estrategia.

Se trata de un plan a más largo plazo que suele tardar de una a dos semanas en aplicarse. Emplea gráficos de barras o velas con la media móvil exponencial, el MACD y el estocástico como indicadores.

La situación.

Gráficos - 1 día y 1 mes (ya sea de barras o de velas) (A veces, un gráfico con un tiempo más corto puede proporcionar vistas más claras. Yo prefiero el de 1 hora, 10 días y el de 180 minutos en Wizetrade).

Medias móviles exponenciales - (3) configuraciones, 4-13-50.

MACD - 5-34-7.

Probabilidad — 13-5-5.

Entrar en la industria.

Considere el MACD para confirmar la dirección de la tendencia. Después de que haya cruzado su línea central, el indicador suele ser más fiable.

Usted quiere que las líneas del estocástico se crucen y se muevan por encima del 20 para las compras y por debajo del 80 para las ventas. (Esto es a veces más evidente en los gráficos de intervalos más cortos).

Examine ahora las medias móviles. Cuando la 4 EMA y la 13 EMA se cruzan sobre la 50 EMA, en cualquier dirección, con un buen ángulo de movimiento y un hueco entre las medias, es un buen momento para entrar. (Tendencias descendentes para las ventas y ascendentes para las compras).

Si se cumplen las condiciones mencionadas anteriormente, considere la posibilidad de entrar en la operación.

Configurar el Stop Loss.

Coloque su stop loss entre 30 y 50 pips por debajo del mínimo del día anterior. Este será un stop loss amplio para eliminarlo de la operación en escenarios catastróficos. Yo sugeriría aumentar su stop loss a medida que su operación se beneficie. Independientemente de lo que haga, NO lo disminuya. (Si la operación fuera una venta, el stop loss estaría por encima del máximo del día anterior.)

En el negocio.

Observe la operación para determinar si se está acercando a un nivel de resistencia o de soporte, y vigile las medias móviles exponenciales de 4 y 13. El soporte y la resistencia pueden no desempeñar un papel importante en este tipo de plan, pero aún así los vigilaría de cerca.

Abandonar el mercado.

Observe si la 4 EMA cruza por encima de la 13 EMA en la dirección opuesta a su entrada después de entrar en la operación. Compruebe si su MACD se ha invertido. ¿Cómo funciona su estocástico? Estos son indicadores potenciales de salida. Si la tendencia se ha invertido, debería cobrar sus ganancias.

Necesita la paciencia para desarrollarse mientras está en el comercio y saber cuándo salir de la operación. Los gráficos existen para ayudarle. Algunos miembros de nuestro grupo de trading han empleado este método con gran éxito.

3. MARKETING DE AFILIACIÓN.

Hay innumerables artículos de afiliación disponibles para la promoción. El marketing de afiliación es el proceso de promoción de un producto en línea. Ahora, para los novatos, esto puede ser tan fácil como abrir un blog o una lente Squidoo, ambos bastante sencillos. A continuación, remite a sus visitantes a su enlace de afiliado en su sitio web, donde realizan una compra, y usted recibe una compensación.

Esto puede ser intimidante para un principiante, ya que debe entender cómo atraer tráfico a su sitio y ser indexado por Google y sobre las palabras clave. Existen innumerables métodos para promocionar su sitio web.

Como principiante en el marketing de afiliación, al principio se sentirá abrumado. La empinada curva de aprendizaje tarda meses en completarse. La buena noticia es que hay programas disponibles, algunos de los cuales son gratuitos o muy baratos, que pueden acortar su curva de aprendizaje en semanas o meses.

También hay que elegir lo que se va a comercializar; muchos optan por un negocio en una caja, pero no todos lo hacen. Creo que si puedes encontrar algo que te entusiasme, tendrás mucho más éxito. Piensa en algo que te guste, luego búscalo en Google con la frase afiliado añadida, y ¡tachán! Tienes opciones. Existe un programa de afiliados para prácticamente cualquier producto imaginable, incluidos los libros electrónicos, las vitaminas y la electrónica.

Lo mejor es lanzar tu sitio web con tu enlace de afiliado y comenzar tu formación. Así, podrá modificar y aplicar lo que aprenda a medida que vaya progresando, pero primero debe empezar. Una vez que un sitio esté operativo, puedes pasar a otro.

Ahora, creo un nuevo sitio web cada semana en promedio. Cuando empecé, tardaba un mes en crear un solo sitio web. Así que digamos una semana para cada sitio, cuatro sitios en un mes, cada uno generando ingresos pasivos mientras duermes. Iterar y repetir. Empleo un plan de marketing de una semana, que me ha ayudado a empezar.

Empecé esta empresa a tiempo parcial hace cinco meses con resultados iniciales limitados. Desde que me despidieron hace dos semanas, me di cuenta de que tenía que ponerme serio. Pasé entre 10 y 12 horas diarias trabajando en esto para ponerlo en marcha. Era un novato y estaba muy confundido. En las dos semanas anteriores, he ganado cerca de lo que ganaba en mi "trabajo real", que no era una miseria.

Lo mejor es que lo disfruto. He recopilado una guía que acortará tu curva de aprendizaje y te ayudará a empezar a ganar dinero antes si quieres avanzar más rápido. El título es Affiliate Marketing Made Simple. Empieza a ganar dinero más rápido y reduce tu curva de aprendizaje.

4. PUBLICAR ANUNCIOS CLASIFICADOS EN SITIOS WEB GRATUITOS.

Desde 2007, he tenido la suerte de ganarme la vida por completo en Internet. La promoción de artículos de afiliados a través de anuncios clasificados gratuitos en sitios web como Craigslist y la página de atrás es una de mis principales fuentes de ingresos.

Las siguientes son las respuestas a cuatro preguntas que me hacen comúnmente acerca de la página de atrás; mi preferido "ir a" sitio de anuncios clasificados gratis es si quieres ganar dinero poniendo anuncios en sitios como este.

Los consejos que aquí se ofrecen son aplicables independientemente del sitio web de anuncios clasificados gratuitos que utilices.

Respuestas a cuatro preocupaciones comunes sobre la publicación de anuncios gratuitos en Backpage.

1. En qué ciudades colocar los anuncios: Backpage recibe mucho tráfico. ¿Cuánto? Según traffic estimate, un sitio web que predice la cantidad de tráfico que recibe un sitio web mensualmente,

anualmente, etc., recibió 20.394.000 visitantes en enero de 2013.

Hay alrededor de 400 ciudades en las que se pueden colocar anuncios, pero solo un puñado reciben la mayor cantidad de tráfico. A continuación se enumeran, en función del tráfico, las veinte principales categorías para colocar anuncios en la contraportada para ganar dinero online rápidamente.

Las mejores ciudades de Backpage para publicar anuncios gratuitos.

- Miami, FL.

- Minneapolis, MN.

- Nueva York, Nueva York.

- Filadelfia, PA.

- Phoenix, AZ.

- San Diego, CA.

- Atlanta, GA.

- Boston, MA.

- Chicago, Illinois.

- Texas, Dallas/Fort Worth.

- Denver, CO.

- Houston, Texas.

- Las Vegas, NV.

- Los Ángeles, CA.

- San Francisco, CA.

- Seattle, Washington.

- St. Louis, MO.

- Tampa, FL.

- Toronto, ON.

- Washington, Distrito de Columbia.

Las oportunidades de negocio son una de las categorías más populares para colocar anuncios gratuitos. En esta área, "Ofertas de Negocios", es donde encajan la mayoría de las oportunidades de afiliación que probablemente le interese anunciar. Las oportunidades de "hacer dinero" son la forma más popular de artículos de afiliados para anunciar para ganar dinero rápidamente en línea.

2. Nota sobre las categorías: Respete las normas del sitio. Algunos vendedores, por ejemplo, promueven oportunidades de negocio en el área de "Empleos". Lo último que quiere un demandante de empleo es encontrarse con un anuncio de una oportunidad de negocio "de pago".

Usted paga por las oportunidades; usted solicita puestos de trabajo; tenga en cuenta esta distinción. Incluso si cree que puede salirse con la suya publicando en la categoría equivocada, absténgase de abusar del servicio de esta manera. Es simplemente poco ético.

3. Con qué frecuencia publicar anuncios para ganar dinero consistente: Al principio de mi carrera en el marketing de afiliación, publicaba anuncios a diario, lo que creo que todo novato debería hacer para empezar a ganar dinero de forma constante (por ejemplo, semanalmente, luego diariamente).

Para ello, emplee otros enfoques, como el marketing de artículos. Supongamos que el marketing de afiliación es algo que esperas convertir en una carrera a tiempo completo algún día. En ese caso, es probable que tengas que combinar muchas estrategias de marketing en Internet para ganar lo suficiente como para hacerlo realidad.

4. Cómo seleccionar productos y/o servicios de éxito Como autopublicador, comercializo principalmente mis ebooks y unos pocos productos de afiliación "evergreen"

El consejo más importante que puedo dar para seleccionar artículos rentables es elegir aquellos que te apasionan y/o con los que tienes experiencia. El motivo es que es mucho más fácil defender de forma "creíble" productos o servicios que te gustan y/o que has experimentado.

Hay mucha basura en Internet, y los consumidores pueden detectar la falsedad. No se deje llevar por ese camino. Los sitios web de marketing de afiliados, como CommissionJunction y Clickbank, ofrecen miles de productos de los que puede elegir para ganar dinero a través de un anuncio. Por lo tanto, cree su profesión de marketing en Internet en torno a marcas reputadas en las que tenga fe.

Y para que lo sepas, la mayoría de los programas de afiliación son gratuitos, por lo que no hay que pagar nada para empezar.

5. CONFIGURACIÓN DE LA CAMPAÑA DE NICHO.

Usted es un comercializador de Internet, pero no tiene resultados impresionantes para mostrarlo. ¿Qué tal si te digo lo que necesitas para empezar a ganar dinero legítimo en línea?

Dedica unos minutos a leer este post y podrás tener un negocio nicho pasivo y rentable en menos de una semana.

Permítame comenzar diciendo que esto necesitará esfuerzo; si intenta algo por primera vez, puede ser más difícil. La buena noticia es que una vez que hayas montado tu primera campaña, los esfuerzos posteriores serán fáciles de gestionar, y si no descuidas ningún proceso, todas tus campañas generarán dinero pasivo durante años.

Estos son los pasos para crear una campaña de marketing de nicho rentable:

1) Primero debe elegir un nicho de mercado en el que trabajar. Un nicho es un grupo de individuos, como madres primerizas, padres solteros, propietarios de gatos, recién casados y muchos otros. Asegúrese de

conocer los retos a los que se enfrentan los individuos de ese segmento y si están dispuestos a gastar dinero para abordarlos.

2) Inscríbase en un servicio de respuesta automática y compre un nombre de dominio. Esto le costará poco más de 30 dólares, pero es todo lo que realmente necesita, y recuperará esos fondos en una semana más o menos.

3) Prepare su página de exprimido, que tiene su formulario de opt-in y ofrece una guía gratuita o ebook a cambio de una dirección de correo electrónico.

4) Ahora, prepare el ebook gratuito y los dos ebooks que pretende vender por dinero. Escriba tres guías de 10 a 20 páginas que rebosen de información útil. Cada una de las guías debe abordar un problema específico de su público objetivo.

5) Escriba de 10 a 15 correos electrónicos de seguimiento. Los primeros correos electrónicos sólo deben contener contenido gratuito y valioso; uno de

cada cuatro mensajes posteriores puede ser un mensaje promocional para sus suscriptores. Así es precisamente como generará beneficios: vendiendo sus artículos a personas que confían en usted.

6) Escriba al menos veinte artículos que enlacen a su página de exprimido y distribúyalos a los directorios de artículos. Esto asegurará que siga recibiendo tráfico durante años.

¡Ahora que la has montado vete a descansar o construye otra!

Si haces un buen trabajo construyendo rápidamente tu lista, empezarás a ganar dinero a la semana siguiente. El mejor aspecto es que es un ingreso totalmente pasivo!

6. ESCRITURA AUTÓNOMA.

Sí, la escritura freelance en Internet puede ser una profesión lucrativa. Si la escritura es tu pasión y tu talento, puedes ganar dinero extra por Internet. Sólo tienes que tener en cuenta algunas recomendaciones esenciales para identificar las oportunidades lucrativas que te permitirán ganar una cantidad sustancial de dinero en línea.

Si estás interesado en localizar estas oportunidades en línea, aquí tienes algunos consejos sobre cómo hacerlo y cómo ganar dinero con la escritura freelance en línea.

- Cree material para su sitio web a cambio de una compensación. El contenido es crucial en la era de Internet, en la que prácticamente todas las empresas, compañías e incluso individuos desean sus sitios web.

Estos propietarios de sitios web no pueden mantener el ritmo de actualización frecuente del material de sus sitios. Sólo tienes que aprender algunas tácticas de optimización de motores de búsqueda si tienes talento para escribir para obtener contratos de redacción de contenidos en línea.

- Escriba artículos. Los artículos son componentes esenciales de la web. En realidad, como el marketing de artículos se ha convertido en un método rentable para promocionar empresas y artículos en línea, escribir artículos también se ha convertido en una actividad muy solicitada en línea. Puede escribir y vender artículos o descubrir empresas o individuos en línea que le pagarán por crear artículos para ellos.

- Explore los mercados de trabajo en línea. Normalmente, estos mercados permiten a los escritores autónomos pujar por tareas de redacción u ofrecer sus habilidades a empleadores y empresas que buscan contenidos de calidad de escritores autónomos. Ambas partes pueden acordar un precio antes del comienzo de la tarea, y usted recibirá el pago después de completar sus proyectos de escritura. También puede descubrir perspectivas de escritura freelance en línea visitando los mercados de trabajo en línea.

- Escribir textos publicitarios. También puedes escribir textos publicitarios para empresas si eres competente en el lenguaje de las ventas. De hecho, los textos publicitarios bien redactados son muy solicitados en Internet debido a la proliferación de anuncios en línea y a la tendencia de las empresas a trasladar sus operaciones a Internet. Aprovecha esta necesidad y gana dinero creando ejemplares de anuncios.

- Redacción de comunicados de prensa La redacción de comunicados de prensa es otra alternativa para los escritores autónomos en línea. Esto también puede ser un componente de los esfuerzos de marketing de las empresas y negocios. Por lo tanto, también puede obtener dinero de estos proyectos de escritura.

- Escribir un libro electrónico. Si te apasiona escribir y tienes otra área de especialización, puedes publicar un eBook y venderlo en línea. Los eBooks han sido uno de los productos digitales más populares que se venden en línea y, desde la perspectiva del autor, también es uno de los productos más rentables que puedes vender en línea. Al vender libros electrónicos, no es necesario tener en cuenta los gastos de impresión y publicación, que son uno de los aspectos más caros de la venta de sus libros. Con los libros electrónicos, puede vender directamente sin preocuparse de la distribución, ya que los clientes siempre pueden descargar el contenido en línea.

7. BLOGGING.

Ganar dinero con los blogs es el enfoque más eficaz para empezar a ganar dinero en línea semanalmente. Existe una gran ambigüedad cuando se intenta determinar la estrategia óptima para monetizar un blog. Me sentí obligado a escribir un ensayo para informar a cualquier persona que desee establecer un blog y comenzar a ganar dinero.

Elegir un nicho para un blog es el primer paso para ganar dinero a través de los blogs. Un nicho es simplemente un sinónimo de un mercado. Básicamente, debe seleccionar un tema sobre el que se sienta cómodo escribiendo en un blog. Un tema que le entusiasme o que al menos le interese es una excelente elección.

El segundo paso es seleccionar una plataforma de blogs. Una plataforma de blogging es un software que utilizará para crear y mantener un blog en el sitio web. Algunas plataformas excelentes son los blogs de Blogger y WordPress.

Te aconsejo que leas las reseñas y selecciones la mejor plataforma para ti. Te recomiendo que dirijas tu blog en lugar de utilizar un servicio de alojamiento gratuito. Ganar dinero con los blogs requiere la mayor flexibilidad posible, y tener tu blog te la proporciona.

El tercer paso es poblar tu blog con suficiente contenido. El contenido de tu blog es la información que presentas. Hoy en día, puede presentar esta información en formato de texto, audio o vídeo. Puede hacerlo usted mismo, contratar a un autónomo o configurar los canales RSS para alimentar el contenido automáticamente en su blog.

El cuarto paso es monetizar tu blog a través de páginas de reseñas de afiliados y anuncios de Google Adsense. Este es un método excelente para conseguir dinero con el blog. Ni siquiera es necesario que vendas tu producto.

Puedes encontrar muchos programas de afiliación relacionados con tu especialización y obtener considerables ingresos por artículos y programas de ingresos residuales. Puedes integrar AdSense en tu sitio para generar ingresos adicionales; lo mejor es que es completamente gratis.

El quinto paso es generar tráfico hacia tu blog. Los métodos de tráfico gratuitos, como la optimización de los motores de búsqueda, los comentarios en los blogs, el intercambio de enlaces, el marketing de artículos, el marketing en foros y las redes sociales pueden hacer maravillas para el tráfico de su sitio web.

Una vez que tu blog reciba un tráfico constante y produzca dinero, deberás crear uno nuevo. Una vez que haya completado el proceso por primera vez, descubrirá que ganar dinero con los blogs es bastante sencillo.

8. MARKETING EN INTERNET.

El marketing en Internet es una de las formas más rápidas de ganar dinero en línea. Esto no se aplica a la promoción de usted mismo, sino a su comercialización para otras empresas.

- Puede hacerlo si está familiarizado con algunos procesos de marketing en Internet. Lo sorprendente es que muchas de estas formas son gratuitas o baratas. Por ejemplo:

- Puedes crear un blog para una empresa, contribuir a él y utilizarlo para generar enlaces a su sitio web.

- Puedes ganarles nuevos clientes creando una página de redes sociales para ellos en uno o varios sitios de redes sociales.

- Al publicar en grupos y foros, puedes aumentar el número de conexiones entrantes a su sitio web.

- Puedes realizar marketing de artículos en su nombre para dirigir el tráfico a su sitio web.

- Puedes encargarte de las campañas de AdWords.

- Puedes redactar comunicados de prensa para aumentar el tráfico hacia su sitio web y su empresa.

Hay muchas maneras de asegurar el éxito de sus clientes. Es maravilloso que estas tareas puedan completarse rápidamente. Puede completar una cantidad considerable de tareas de marketing en una semana, lo que le permitirá ganar dinero rápidamente.

Puede acordar un depósito por adelantado y el saldo al finalizar. De este modo, dispondrá de los fondos necesarios de forma inmediata. Para obtener el resto, debe completar el trabajo, así que asegúrese de ofrecer resultados.

Como puede ver, el marketing en Internet tiene el potencial de generar importantes ingresos. Puedes montar una oficina en casa y hacerlo a menudo porque la gente y las empresas buscan continuamente formas baratas de promocionar sus negocios.

Pruebe lo que yo hice si necesita dinero inmediatamente o en una hora. Hoy estoy ganando más dinero que en mi anterior negocio, y tú también puedes hacerlo si haces clic en el siguiente enlace y lees la increíble historia real. Yo sospeché sólo diez segundos después de unirme antes de saber qué era esto. Usted también estará radiante de oreja a oreja, como lo estaba yo.

9. VIDEO MARKETING.

En los últimos años, se ha escrito mucho sobre la importancia de añadir el vídeo marketing a su arsenal de marketing en Internet. Esto tiene sentido porque el video marketing es ahora efectivo y puede ser una forma estupenda de generar dinero rápido cada semana. Vamos a explorar los tres pasos que se mencionan a continuación.

Usted crea un video promocional para su producto. Usted puede querer comercializar un producto o servicio, y la creación de sus videos es un gran método. Esto no es tan difícil como la gente cree. Usted requiere una cámara de video de bajo costo y un micrófono. Puedes ver vídeos instructivos sobre cómo hacerlo en YouTube.

También puedes utilizar una aplicación de creación de películas como Animoto. Básicamente, construyes un vídeo de presentación con imágenes y palabras. Es una herramienta fantástica porque puedes añadir música y subir tus vídeos directamente a YouTube y otros sitios web para compartir vídeos.

El vendedor crea el vídeo. Muchos de los programas a los que puedes unirte para ganar dinero incluyen ahora películas promocionales.

Los vídeos pueden añadirse a un sitio web o un blog existente. Puede colocarlos en una página de aterrizaje, dirigir a los visitantes a esa página y permitir que el vídeo promocione su producto o servicio.

Este método se ha convertido en algo habitual en el marketing de afiliación y el marketing de red. Con estas estrategias de negocio, usted vende productos o recluta a personas para que vendan productos en su nombre.

Su concentración se centra principalmente en la generación de clientes potenciales. Los vídeos ya han sido producidos por la empresa que usted representa. Esto te permite centrarte en el marketing y en utilizar las herramientas y los recursos que te dan.

Ofrezca un servicio de producción de vídeos. Si descubres que disfrutas generando vídeos, hay un vasto mercado para tus talentos que ahora está sin explotar.

Puedes hacerlo tan elaborado o tan sencillo como quieras. Por ejemplo, en la comercialización de negocios locales, podría visitar un negocio, tomar fotografías, sentarse y escribir un texto, y luego editarlo todo en un vídeo que podría cargarse en el sitio web del negocio.

En la actualidad, prácticamente todos los profesionales del marketing en Internet necesitan ayuda para crear vídeos y subirlos a YouTube. Proporcionar un servicio de marketing de vídeo le mantendrá tan ocupado como desee y será de gran valor para sus clientes.

Estos son tres métodos para ganar dinero a través del video marketing. Puedes ser tan creativo como quieras y ganar dinero haciendo esto a tiempo parcial o incluso a tiempo completo.

Es esencial unirse a una tendencia en su inicio y "subirse a la ola". De este modo, podrás diseñar tu plan de acción y tu campaña de ventas y maximizar tus beneficios. Debe buscar minoristas que ofrezcan lo que necesita a precios razonables. Nada en el mundo es gratuito.

Puede llevar mucho tiempo buscar tutoriales en vídeo en Internet, pero hay un atajo. Sólo hay que localizarlo.

Es imposible exagerar el efecto de los vídeos en un sitio web. ¿Qué le gustaría hacer: leer un sitio de texto de 300 palabras o ver un vídeo de 10 minutos que demuestre cómo realizar algo paso a paso? Si eres como yo, la segunda opción.

Puedes explicar cualquier cosa verbalmente durante todo el día, pero lo entenderé inmediatamente si lo demuestras. Recuerda que una imagen vale más que mil palabras, y si esa imagen es animada, mejor.

Imagina que descubres un recurso que te ofrece, por así decirlo, una "ventaja". Te inicia en las ventas y te genera ingresos mientras estudias. ¡Eso es mucho mejor! Los sitios web especiales y promocionales existen; hay que descubrirlos.

10. PHOTOSHOP.

Hay formas sencillas de ganar dinero rápidamente. Sólo tienes que saber dónde buscar y darte cuenta de que puedes utilizar tus habilidades para ganar una cantidad considerable de dinero. El uso de Photoshop es un enfoque excelente para ganar dinero rápidamente.

Esto se debe a que la gente está dispuesta a pagar por gráficos atractivos. Puedes hacer pinceles, que actualmente son muy populares en Internet. Usted puede examinar lo que está disponible en Internet y compilar su colección.

La gente los comprará en masa. Lo mejor sería que te promocionaras tú mismo. Hay algunos sitios web en los que puedes hacer marketing. Incluso podrías negociar con sitios web de fotos de stock.

También puedes ganar dinero con Photoshop creando tu tienda online y vendiendo imágenes allí. Puedes empezar tu tienda online en un día y vender tus obras en una semana. Incluso puedes participar en concursos de diseño gráfico que ofrecen lucrativos premios para las mejores presentaciones. Si tienes algo de creatividad con Photoshop, esta es una técnica estupenda para hacer la tarea.

Como puedes ver, es posible generar ingresos a partir de algo que ya posees. Las imágenes son muy populares en Internet. La gente también las necesita para sus blogs, sitios web y publicaciones impresas. Pagarán por ellas para utilizarlas. Se enamorarán de una imagen fantástica cuando la vean.

Pruebe lo que hice si necesita dinero inmediatamente o en una hora. Hoy estoy ganando más dinero que en mi anterior negocio, y tú también puedes hacerlo si haces clic en el enlace de abajo y lees la increíble historia real. Yo sospeché sólo diez segundos después de unirme antes de saber qué era esto. Usted también estará radiante de oreja a oreja, como lo estaba yo.

11. FOTOGRAFÍA DE ARCHIVO.

Muchas personas trabajan principalmente para ganar dinero, pero esto puede no proporcionarles la felicidad. Sin embargo, algunos tienen la suerte de ganar dinero persiguiendo su amor. Uno de estos métodos es la fotografía. Algunos fotógrafos han recibido formación profesional.

Normalmente, están afiliados a una agencia o trabajan de forma independiente. Pero hay muchos más, como tú y yo, a los que simplemente les gusta fotografiar personas, objetos y eventos. Esta es su oportunidad de ganar dinero con su pasatiempo. El universo de las fotos de archivo es tuyo para que lo explores.

Antes de hablar de cómo generar dinero con esta afición, examinemos qué es la fotografía de archivo. Es la disponibilidad de imágenes con licencia para determinados usos. Puede que te sorprenda la demanda de fotografías de stock. Los diseñadores gráficos y de páginas web, las agencias de publicidad online y las editoriales las demandan.

Lo mejor de la fotografía de archivo es que no hace falta ser experto para ganar dinero con ella. Lo único que se necesita es una pasión por la fotografía mezclada con imaginación. Poco a poco, desarrollarás la capacidad de anunciarte con éxito y, como resultado, ¡ganarás dinero!

Algunas personas pueden argumentar que la fotografía de stock paga poco por las imágenes individuales. Sin embargo, los que se quejan de esto lo ven como una situación en la que "el vaso está medio lleno". Es cierto que las fotografías de stock pueden comprarse por tan sólo 1 dólar, pero la realidad es que numerosas personas pueden utilizar una imagen concreta.

Combine esto con el hecho de que la misma imagen puede subirse a muchos sitios web. Un cálculo rápido revela que es una forma segura de ganar una buena suma. Hoy en día, algunas personas pueden ganarse la vida con la fotografía de archivo debido a su enorme potencial de ganancias.

Ahora bien, ¿cómo se puede ganar dinero con la fotografía de archivo?

He aquí algunas sugerencias para empezar. Crear una colección original de imágenes es el paso inicial más obvio. Intente integrar un sentido de originalidad en las imágenes y perspectivas que capture.

Debe tener en cuenta la amplitud de su colección prevista. Algunas personas prefieren especializarse en un tema concreto y convertirse en proveedores de nichos. Otros quieren abarcar una amplia gama de temas. La decisión depende enteramente de usted.

El paso siguiente en hacer el dinero con la fotografía común es crear una cuenta en línea con los Web site de la fotografía común. Las empresas de fotografía de micro-stock son compañías que aceptan imágenes de una variedad de fotógrafos, incluyendo aficionados y amateurs.

Tienen un modelo de negocio de bajo precio y gran volumen. ShutterStock.com, BigStockPhoto.com, Fotolia.com, 123rf.com y Dreamstime.com son algunos de los sitios web de microstock más conocidos. En algunos de ellos se puede crear una cuenta.

Después, se crea una carpeta de ejemplos. Esta es tu oportunidad para demostrar tu talento y ser elegido. Selecciona algunas de tus mejores imágenes y súbelas. Aquí tienes un consejo útil. Asegúrate de que los títulos de las imágenes que publiques sean concisos y pertinentes. Esto puede ayudar a la gente que busca imágenes a localizar rápidamente las que son relevantes.

Si quieres ganar dinero con la fotografía de stock, debes revisar las directrices de cada sitio de microstock. Estas normas regulan el tipo de imágenes que pueden publicarse, sus dimensiones, su calidad técnica y su viabilidad comercial.

Intente subir un gran número de imágenes de alta calidad. Esto aumentará la probabilidad de que sus imágenes sean elegidas y también le ayudará a conseguir su objetivo de ganar dinero. Siga añadiendo imágenes adicionales a medida que pase el tiempo. Pronto se dará cuenta de que su afición se ha convertido en una fantástica fuente de ingresos.

12. CRAIGSLIST.

Si buscas dinero rápido, mi primer consejo sería vender en eBay. eBay ha demostrado ser la forma más sencilla para mí de ganar dinero en línea, seguida de las apuestas deportivas de arbitraje y el marketing de afiliación o de red. Si quieres generar un ingreso sustancial y sostenido que pueda reemplazar tus ingresos actuales, el marketing de afiliación o de referencia es el camino a seguir.

Teniendo en cuenta lo anterior, en este post te voy a mostrar una forma práctica de empezar a ganar dinero inmediatamente. Los estudiantes universitarios han utilizado este método para lograr ingresos semanales superiores a los 300 dólares. Usted podría ganar al menos $500 semanales usándolo si es serio.

Usted necesitará Craigslist y una cuenta de eBay para utilizar esta técnica plenamente. Utilizarás Craigslist para obtener productos con un descuento respecto al precio de venta en eBay, y luego irás a eBay y los comprarás.

Muchas de las cosas que aparecen en la sección de venta de Craigslist son publicadas por vendedores que tienen prisa por deshacerse de sus cosas. Intentan vender los artículos en eBay porque no pueden esperar. Esta semana, necesitan dinero para las facturas, el alquiler y la comida. Como necesitan dinero de inmediato, muchas personas están dispuestas a vender cámaras digitales y otros aparatos electrónicos de alto precio por mucho menos que el precio de venta de eBay.

Los productos electrónicos son seguros, pero puedes dirigirte a cualquier categoría de mercancía que elijas. El primer paso es crear una cuenta en eBay y empezar a acumular créditos. Manténgase al tanto del precio de venta de los productos que desea adquirir.

Supongamos que una determinada marca de cámara digital se vende por 200 dólares en eBay pero se anuncia por 180 dólares en Craigslist. Usted se pondría en contacto con el vendedor y le diría: "Oye, estoy dispuesto a pagar 150 dólares por ella hoy; quedemos en el Berger King más cercano".

Más del cincuenta por ciento de las veces, aceptan la oferta. La mayoría de estas personas están desesperadas por conseguir dinero, así que no les importará perder veinte o treinta dólares si se lo ofreces hoy.

Apunte a tres o cinco citas diarias. Un consejo: sea inteligente. Bajo ningún concepto quedes con alguien en su residencia, entres en su casa o dejes que entre en tu coche. Queda siempre en un lugar público, como McDonald's, KFC o Bergen King. Este plan ha existido durante muchos años y seguirá siendo eficaz para cualquiera que busque formas sencillas de crear dinero.

13. SERVICIO DE ENTREGA.

Establecer un servicio de entrega es una alternativa viable que puede generar ingresos rápidamente. Puede hacerlo más particular, como un servicio de entrega de ropa si así lo desea, o puede ofrecer servicios de entrega genéricos para todo lo que los clientes necesiten. Ya sea que entregue una cena familiar o una cama nueva, prácticamente no hay límite en la variedad de artículos que puede proporcionar.

Es una alternativa estupenda, ya que, dependiendo de la entrega, probablemente pueda adaptarla a su horario. Por ejemplo, si transporta muebles, puede programar citas los fines de semana o las noches en que esté disponible. Sólo tienes que poner unos cuantos anuncios. Incluso los foros gratuitos, como CraigsList.org, le permiten anunciar sus servicios de forma gratuita en la mayoría de los lugares.

Puedes decidir aprovechar esta oportunidad sólo durante unas semanas si sólo buscas formas rápidas y sencillas de ganar dinero a corto plazo. Sin embargo, también es una excelente manera de ahorrar para unas vacaciones o para regalos navideños a largo plazo.

Pruebe lo que yo hice si necesita dinero inmediatamente o en una hora. Hoy estoy ganando más dinero que en mi anterior negocio, y tú también puedes.

14. DESARROLLAR UN EMBUDO DE VENTAS SECRETO.

En esta sección, le proporcionaré otros consejos para generar dinero en línea utilizando un embudo de ventas secreto.

El primer consejo es utilizar su serie de autorespuestas para ganar dinero en línea en piloto automático.

Combinar el marketing de afiliación y el marketing por correo electrónico es el enfoque más sencillo para conseguirlo. Crea una serie de mensajes de autorespuesta para tres meses, seis meses, un año o incluso dos años.

Llene su autorespondedor con contenidos o series atemporales. Al hacer esto, se elimina la necesidad de actualizar el texto del autorespondedor de nuevo. Asegúrese de que el producto que está promoviendo es también un producto de hoja perenne.

Una vez que tenga su producto y la serie de correos electrónicos, puede comenzar a construir su lista de correo. Sus ventas funcionarán automáticamente. Permita que cierre tratos y genere ingresos para usted. Ciertamente, esta es una forma legítima de ganar dinero en línea. Usted generará un ingreso constante durante un período muy largo.

Demuestre que se preocupa por sus lectores o suscriptores.

Acabo de demostrar que esta es la técnica real para ganar dinero en línea. Sin embargo, no debes ver a tus suscriptores como máquinas de hacer dinero en miniatura. Cuando la gente vea esto, se dará de baja de su lista de correo inmediatamente.

Debes demostrar que te preocupas por tus lectores o suscriptores. Dúchelos con compasión. Hágales saber que reconoce su situación. Desea sinceramente ayudarles a resolver el problema.

Cuando se inscribieron en su lista de correo, sus suscriptores tenían ciertas expectativas sobre el tipo de información que iban a recibir. Por lo tanto, debe mantener las promesas que les hizo anteriormente.

Entregue el boletín semanal si lo ha prometido. Si les promete algo gratis, debe cumplirlo. Los suscriptores insatisfechos dejarán de leer sus correos electrónicos o se darán de baja por completo.

Esto es lo que debe destacar en su campaña de correo electrónico:

Empatizar con la situación de los suscriptores;

Promover sólo cosas de alta calidad; cuando se realicen reseñas de productos, hay que ser honesto; y ocasionalmente proporcionar consejos útiles a los suscriptores.

Esto no generará dinero rápido, pero es una técnica legítima para ganar dinero online. Si lo hace, sin duda aumentará la confianza, lo que se traducirá en ganancias a largo plazo.

Mantenga a sus suscriptores comprometidos con sus comunicaciones.

El objetivo final de desarrollar una lista de correo es establecer una relación con los suscriptores antes de considerar esto como un medio viable para ganar dinero en línea.

Cuando usted da un regalo como "cebo" para atraer a un prospecto a inscribirse en su lista de correo, los suscriptores simplemente aceptarán el regalo y dejarán de leer sus correos electrónicos.

¿Qué debe hacer? Cuando ofrezca un obsequio no anunciado en su primer correo electrónico, informe a sus suscriptores de que hay más "extras sorpresa" en camino. A continuación, asegúrese de enviar regalos aproximadamente una vez al mes.

Esto mantendrá la atención de los suscriptores. Abrirán y leerán sus mensajes de correo electrónico.

De este modo, desarrollará una relación con sus suscriptores. Esta es una excelente oportunidad para venderles otros productos de afiliados.

Ahora, ¿ves esta legítima oportunidad de ganar dinero en línea? Simplemente convierta a un "buscador de regalos" en un cliente potencial rentable.

Combinar el marketing por correo electrónico y el marketing de afiliación y crear otro valor para sus suscriptores mediante la creación de confianza y relaciones es la clave para ganar dinero en línea. Aplique los consejos mencionados anteriormente y tendrá dinero en su cuenta bancaria.

15. HACER ENCUESTAS PAGADAS.

Hacer encuestas es uno de los métodos más sencillos para conseguir dinero por Internet. Debe ser una de las formas más sencillas de ganar otro dinero utilizando sólo un ordenador y una conexión a Internet, dado el mínimo tiempo de configuración y la falta de inversión inicial.

Cómo empezar.

Utilice un sitio web gratuito de selección de encuestas pagadas que proporcione información sobre cada programa de sitios de encuestas de su país. Esto proporcionará otra información sobre la edad mínima, la cantidad pagada por encuesta y el método de pago (efectivo o vales).

Una vez que haya identificado algunos sitios de buena reputación que ofrezcan recompensas en efectivo o en vales, inscríbase en cada uno de ellos y valide su dirección de correo electrónico. Puede haber descubierto cinco o más sitios en los que registrarse, y puede llevar horas completar cada perfil. Así que consiga su bebida preferida y acomódese en su ordenador.

Después de inscribirse, confirmar y rellenar el perfil, es probable que ya haya acumulado algo de dinero o puntos. Estos puntos equivalen a la cantidad de dinero en efectivo indicada en el sitio web. En los próximos días, deberías empezar a recibir muchas invitaciones por correo electrónico para participar en encuestas remuneradas.

Si encuentras una que te guste, al hacer clic en el enlace irás a la página web donde está alojado el cuestionario de la encuesta. A partir de este momento, puedes tener muchas o cientos de preguntas que responder. Cuanto más larga sea la encuesta, mayor será la compensación que ofrecen los sitios de encuestas.

Además de las invitaciones a encuestas en efectivo, recibirá invitaciones a sorteos de premios en efectivo. Éstos no deben descuidarse por dos razones: una ligera posibilidad de ganar y el hecho de completarlos le convierte en un candidato deseable para futuras encuestas.

Cuantas más encuestas complete ahora, más oportunidades tendrá en el futuro y mayores serán sus posibilidades de ganar uno de esos premios, por improbable que sea.

Después de completar unas cuantas encuestas que paguen en efectivo en cada sitio que elijas antes, habrás acumulado una cantidad considerable de dinero o puntos. Una vez que esto alcance su barrera de pago mínimo, podrás solicitar el pago mediante cheque y, ocasionalmente, PayPal. Algunos de ellos transmiten el pago al final de cada mes de forma automática.

Así pues, has trabajado duro y has respondido a muchas preguntas sobre cosas que usas, productos que te gustan y servicios que has encontrado; ¿cuál es tu recompensa?

Después de unas semanas de escribir y hacer clic, es posible que abra un sobre con un cheque de entre 10 y 50 dólares o 10 y 50 libras esterlinas. Si tienes la increíble suerte de ser seleccionado al azar, podrías ganar 10.000 dólares o 5.000 libras en premios.

Realizar encuestas remuneradas es la forma más sencilla de ganar dinero en línea. Es gratificante y te ofrece la rara oportunidad de influir en las mayores empresas del mundo.

16. PRODUCTOS DE MARCA PROPIA.

Los productos de marca blanca son el método más eficaz para ganar dinero sin su producto. Los productos de marca blanca son, en pocas palabras, productos fabricados por una empresa pero que se venden bajo diferentes marcas.

El concepto puede ser algo desconcertante, así que permítame explicarlo. Consideremos que el fabricante A produce pantallas de ordenador. Este fabricante produce pantallas de ordenador para cualquiera, pero cada pantalla debe ser idéntica.

Entonces, empresas como Sony o Toshiba pedirán productos al fabricante A pero los ofrecerán como productos Sony o Toshiba. La realidad es que son los mismos productos, pero debido a la marca, pueden cobrar precios diferentes.

Mientras el producto sea de gran calidad, a nadie le molesta que las empresas lleven a cabo esta práctica. Sony y Toshiba no lo hacen para proyectos enormes, pero puedes apostar que lo hacen para los más pequeños. Entonces, ¿cómo se benefician de esto?

Puedes promocionar y vender tus productos de marca blanca en sitios como eBay. Los libros electrónicos son probablemente los productos de marca propia más fáciles de comercializar. Basta con crear una nueva portada e indicar que usted es el autor y ya está todo listo. Por lo general, hay que comprar los derechos de estos libros electrónicos, que pueden costar desde unos pocos dólares hasta muchos miles de dólares.

Todo depende de la calidad de los libros electrónicos. Lo mejor sería que no te preocuparas tanto por la calidad porque normalmente puedes leerlos antes de comprarlos. Sólo asegúrate de que tienes derecho a venderlos, o podrías encontrarte ante el cañón de una escopeta de abogado.

Si no te gusta vender los productos de otros, puedes producir los tuyos propios y vender derechos de marca privada. ¿No sería fantástico que miles de personas se acercaran a ti para comprar tu producto? No recibirías una comisión por cada venta, pero si cobraras 100 dólares para que alguien vendiera tu ebook y lo reclamara como propio, no sería tan horrible.

Incluso si usted escribió sólo un ebook por semana, sólo tendría que vender los derechos a siete u ocho individuos para que sea rentable. La mayoría de los individuos que compran un libro ni siquiera lo leen; sólo quieren ver los signos de dólar, y usted debería estar bien con eso.

Sin embargo, no tienes que limitarte a los ebooks; puedes crear y vender diferentes productos digitales y físicos de marca propia. Yo sólo aconsejo las versiones digitales porque su reproducción es gratuita. Yo empezaría a vender estos productos de marca propia en formato digital antes de pasar a formatos más grandes.

Sin embargo, si quieres ganar dinero, debes empezar a poner marca a tus productos. Cree un nombre corporativo que pueda estampar en todos sus artículos para que los consumidores vayan asociando su nombre con la calidad.

¿Qué dispositivo MP3 preferiría si pudiera elegir entre un iPod y un reproductor MP3 de otro color que no llevara el nombre de iPod? Como los individuos sólo pueden ver la superficie de los productos, a veces no son conscientes de que son idénticos. Lo único que les importa es que tienen un iPod y no un reproductor de MP3 estándar, aunque sean idénticos.

Cuando se producen productos de marca blanca, la marca puede ser una herramienta muy eficaz. No importa si se trata de venderlos o fabricarlos, porque hay muchas posibilidades de obtener beneficios. La estrategia más rentable para vender productos de marca blanca es elegir uno y quedarse con él.

17. VENTA DE OBRAS DE ARTE.

¿Te has preguntado alguna vez cómo puedes aprovechar tus habilidades artísticas para producir otro dinero para tu familia?

Mi capacidad de "pensar fuera de la caja" se ha puesto a prueba cada vez que mis ingresos han disminuido, ya sea por las recesiones, la crisis financiera mundial o las fluctuaciones generales del mercado. Tras una amplia investigación y un proceso de prueba y error, he ideado tres estrategias que te ayudarán a ganar dinero con tu trabajo si las pones en práctica.

Formas inteligentes de sacar provecho de su arte.

- Vende tus obras de arte en línea y recibe derechos de autor durante años.

- Vende tus clases de arte a estudiantes interesados en aprender "cómo hacerlo".

- Otros venden sus obras de arte y lecciones de pintura.

Entonces, ¿cómo se ejecuta?

1. Vende tus obras de arte en línea y obtén regalías anuales.

Esta es mi forma inteligente preferida nº 1, ya que el rendimiento es continuo; yo recibo cheques de regalías mensualmente por trabajos realizados hace más de 10 años. Esta es una técnica muy inteligente para ganar dinero con tus obras de arte, pero debes saber lo que estás haciendo para asegurar el éxito.

¿Quién me pagará por mi arte?

¿Qué son los mercados?

Primero debe determinar qué mercados pueden estar interesados en su obra. ¿Le gusta crear paisajes? ¿O animales? ¿O personajes animados? ¿O coches y motos? ¿O desnudos? ¿O eres más abstracto? ¿O caricaturas?

Cada una de ellas tiene mercados distintos que pueden utilizarse para generar derechos de autor durante décadas. Algunos distribuidores de este tipo de arte son las empresas de puzzles, los proveedores de fondos de pantalla para ordenadores y teléfonos móviles y las empresas de artículos para el hogar.

Cada uno de estos sectores distintos depende de artistas creativos e innovadores como usted para desarrollar otros "PRODUCTOS" para ellos. De hecho, usted es el creador del producto, mientras que ellos son los comercializadores del mismo. Así es como funciona.

2. Vender sus lecciones de arte en línea.

Ahora la recomendación obvia es construir un sitio web y montar un carrito de la compra, y estarás en el camino del éxito, pero si fuera tan sencillo, ¿no lo haría todo el mundo? Efectivamente, no es eso lo que pretendes hacer. Usted se distinguirá de la multitud y tendrá estudiantes que vendrán a pagar su matrícula para siempre o mientras su instrucción de arte siga siendo popular.

¿Cómo se logrará esto?

A todo el mundo le gusta observar, ¿verdad? Les encanta observar a los demás para recoger sugerencias sobre cómo están haciendo su magia. Independientemente de su inclinación, si usted domina su profesión, puede generar interés en el aprendizaje de sus técnicas con esta metodología sencilla y gratuita.

A) Crea una cuenta en YouTube.

B) Documentarse creando arte.

C) Suba a YouTube algunas lecciones de vídeo introductorias.

Una vez que hayas subido tus obras de arte a YouTube y al resto de los grandes sitios web para compartir vídeos, supervisa el tráfico a tu sitio web para obtener más información. Algunos de mis vídeos han recibido cincuenta mil visitas en menos de un año.

Se trata de una cantidad importante de tráfico dirigido a tu sitio web, y de las ofertas "Películas completas en DVD entregadas en tu puerta por 39,95 dólares" y "Versión de descarga rápida de libros electrónicos por 29,95 dólares". Tengo "How To. Productos" que han estado vendiendo prácticamente a diario durante los últimos meses, y la mejor parte es que el mercado es estable a pesar de la economía inestable.

3. Haga que otros vendan su arte y sus clases de arte!

Esta es también una técnica inteligente muy popular para generar dinero en línea vendiendo obras de arte. La creación de obras de arte, como en el ejemplo 1, y la venta de matrículas, como en el ejemplo 2, le preparan adecuadamente para el siguiente paso: reclutar AFILIADOS para que vendan sus obras de arte en su nombre.

Un vasto ejército de personas que venden productos en línea a un público suele acceder a los sitios web que controlan. Pasan la mayor parte de su tiempo generando contenido para los blogs, respondiendo a las publicaciones de los foros y manteniendo el sitio web, lo que les deja poco tiempo para crear arte como tú y yo.

Por lo tanto, las personas con tráfico en el sitio web (muchos sitios web populares reciben decenas de miles de visitantes únicos al día) están en una posición privilegiada para vender su mercancía, obras de arte por encargo, y el arte "cómo". productos.

Muchos afiliados que promueven mis ebooks sólo son compensados SI generan una venta. Sin salario base, vacaciones pagadas o bajas por enfermedad, y sólo comisión sobre las ventas - ¡ese es mi tipo de mano de obra! No hay nada mejor que eso.

Puedes acercarte a cientos de propietarios de sitios web con tu "fondo de pantalla de caricaturas de celebridades más vendido de esta semana" y hacer que lo vendan en tu nombre a cambio de una comisión. No hay limitaciones para estas ricas regiones, y con tu salvaje creatividad artística, harías bien en seguir estas tres astutas estrategias de Internet para sacar provecho de tu arte.

18. PODCAST.

¿Cómo desea obtener beneficios de su podcast? Como podcaster, la posibilidad de que su podcast produzca ingresos es otra ventaja. Como podcaster, no tiene que preocuparse por los elevados gastos generales, y la mayor parte de los ingresos de su podcast serán beneficios.

Hay tres formas principales de generar ingresos con un podcast.

1. Generar ingresos a partir de patrocinadores comerciales.

El patrocinio comercial de los podcasts es una de las formas más eficaces de generar dinero para su podcast. Si puede conseguir un patrocinador importante, su podcast puede generar un dinero considerable. Las grandes empresas están empezando a comprender el verdadero valor del podcasting a medida que pasa el tiempo.

Paige y Gretchen, dos madres de Virginia, reconocen la importancia de los patrocinadores comerciales. Presentan una emisión semanal centrada en las madres llamada MommyCast. Paige tiene cinco hijos, mientras que Gretchen tiene dos.

Earthlink y Dixie son los dos principales patrocinadores de su programa. Por ello, obtienen importantes ingresos a través del patrocinio comercial de su programa. Probablemente no tenían ni idea de la popularidad de su podcast cuando empezaron a producirlo. Sin embargo, Earthlink y Dixie vieron la importancia de su programa y decidieron convertirse en patrocinadores. http://www.mommycast.com/

Si dos madres de Virginia pueden lograr esto, cualquiera puede hacerlo. No importa dónde se resida o de qué se trate el podcast. Si puede atraer a una audiencia considerable, tendrá más posibilidades de atraer a grandes patrocinadores para su podcast.

El patrocinio comercial del podcast es un método fantástico para establecer un flujo de dinero sustancial. Si puede conseguir un gran patrocinador, podría generar unos ingresos significativos como podcaster. El hecho de que dos organizaciones influyentes, Earthlink y Dixie, vean en el podcasting un medio para llegar a posibles clientes es una excelente noticia para todos los podcasters.

Cuando un gran patrocinador se anuncia en la radio tradicional, la emisión de la emisora está restringida a una región geográfica concreta. En cambio, con el podcasting no hay restricciones geográficas. Cualquiera que tenga un ordenador o un reproductor de MP3 puede escuchar el programa. Por lo tanto, este es un factor de venta excepcional para los patrocinadores potenciales.

2. Generar ingresos mediante donaciones.

Las donaciones son otro método para crear ingresos con tu podcast. Por ejemplo, Adam Kempenaar y Sam Hallgren presentan dos veces por semana el podcast Cinecast desde Chicago.

Evalúan varias películas y aportan sus comentarios. Su podcast está ganando rápidamente popularidad y sigue ampliándose con regularidad. http://www.cinecast.com/

Si visita iTunes, no notará que están destacados en el directorio de podcasts. Esto es un gran beneficio para Cinecast. http://www.apple.com/itunes/podcasts/

Adam y Sam han decidido monetizar su podcast solicitando donaciones. En su página web, hay un botón de PayPay que los oyentes pueden utilizar para hacer un pago a su podcast. PayPal goza de una reputación favorable y es un método ideal para recibir donaciones.

Presentar información importante a su audiencia hará que aprecien sus esfuerzos y estén más dispuestos a contribuir. Sin embargo, es probable que Cinecast consiga patrocinadores nacionales con el tiempo.

A medida que sus seguidores aumentan, las donaciones son un método maravilloso para generar dinero en efectivo cuando se empieza a hacer podcasting.

3. Obtenga beneficios de su sitio web o blog.

El tercer método para monetizar su podcast es colocar anuncios en su sitio web o blog. Google AdSense es una técnica para lograr este objetivo. AdSense inserta anuncios en su sitio web y usted recibe una compensación cuando un usuario hace clic en un anuncio. https://www.google.com/adsense/

Utilizar Clickbank para promocionar diferentes productos en tu sitio web o blog es otra opción para obtener ingresos. Puedes comercializar más de 10.000 productos de ClickBank como afiliado. Registrarse como afiliado de ClickBank es gratis, y ganas comisiones cada vez que alguien compra un producto usando los enlaces de tu sitio web. http://clickbank.com/

La clave para producir dinero en efectivo es ganar exposición para su podcast. Lo mejor sería informar a las personas sobre su existencia para atraer a una gran audiencia. A medida que su audiencia crezca con el tiempo, también lo hará la oportunidad de obtener patrocinadores comerciales. El método más eficaz para lograr este objetivo es enviar su podcast a iTunes y otros directorios de podcasts.

19. GOOGLE ADSENSE.

Hay muchas maneras de ganar dinero con Google AdSense. Las técnicas típicas para generar dinero con AdSense han sido probadas y han demostrado ser bastante eficaces. Muchos editores nuevos creen erróneamente que AdSense sólo puede implementarse en sitios web y blogs. Sin embargo, hay muchos otros métodos para utilizar AdSense.

Sin embargo, para que funcionen bien, suelen necesitar una preparación e investigación importantes y pueden llevar bastante más tiempo de preparación y montaje. Un novato total puede tardar muchos meses de trabajo duro para ganar dinero usando AdSense.

Sin embargo, hay otras formas de ganar dinero con Google AdSense. AdSense se ha expandido desde sus inicios y ahora es un sistema de pago por clic muy utilizado. Actualmente hay muchas formas de generar dinero con AdSense en la web. Algunas de estas "técnicas alternativas" son nuevas y a menudo necesitan menos tiempo para implementar y utilizar.

Uno de los métodos más eficaces para utilizar AdSense es en los sitios web 2.0. En cuestión de días, se puede crear una cuenta de AdSense en Blogger (una plataforma de blogs gratuita propiedad de Google) y, si se diseña correctamente, puede generar ingresos en pocas semanas.

Su uso es increíblemente sencillo y su inscripción es completamente gratuita. No hay costes de alojamiento, ni de nombre de dominio, ni de ningún otro tipo. Muchos editores han empleado a los blogueros para generar ingresos de AdSense con éxito.

Lo mismo ocurre con otros sitios Web 2.0, como HubPages, Xomba y Squidoo. Todos ellos son gratuitos y se puede empezar a ganar con Google

AdSense en cuanto se publica el primer contenido y se es aceptado en el programa. Incluso es posible colocar anuncios de AdSense en sus propios vídeos de YouTube.

Ahora hay nuevas formas de utilizar los anuncios dentro de AdSense que no siempre necesitan utilizar sitios web. Utilizando AdSense para dominios, por ejemplo, se puede ganar dinero con Google.

Si tiene un dominio poco desarrollado y algo de espacio web vacío, puede colocar algunos anuncios de AdSense y ganar un poco de dinero de AdSense a partir del tráfico residual mostrando algunos anuncios de AdSense. Esto sólo funciona con nombres de dominio extremadamente populares, pero utilizar esta parte infravalorada del programa AdSense es posible.

Hay muchas otras formas de ganar dinero con Google AdSense. Si usted es un principiante, no debe considerar sólo los métodos habituales de uso del plan. Para tener éxito, debe aprender todo lo que pueda sobre su potencial, y nunca se sabe; puede descubrir un nicho de mercado sin explotar que puede explotar para obtener ingresos de AdSense.

20. PUNTOS DE PENSAMIENTO.

No ha sido fácil generar dinero rápidamente con las acciones; encontrará que siempre hay obstáculos en el camino. El problema suele ser la dificultad de localizar un lugar central para reunir información precisa sobre muchas empresas con mercados de valores.

A la hora de recopilar una lista de acciones invertibles de gran valor, puede parecer imposible determinar por dónde empezar. Sin embargo, es un objetivo realizable; descubra cómo.

Utilizar un servicio de selección de acciones es una de las mejores maneras de ganar dinero rápidamente con las penny stocks. Cuando encuentre un proveedor de servicios de selección de acciones profesional, le ofrecerá un desglose semanal de una base de datos basada en un programa informático, que incluye información sobre muchas acciones.

Normalmente, todos los análisis técnicos deben haberse completado, y se le proporcionará el informe final.

Utilizar un servicio de selección de valores que le proporcione un estudio completo de valores potencialmente valiosos tiene muchas ventajas, entre ellas las siguientes

- Se ahorrará el tiempo y el esfuerzo necesarios para investigar esas acciones lucrativas de forma independiente.

- Al trabajar con proveedores de servicios de selección de valores cualificados, podrá acceder a muchas inversiones en penny stocks potencialmente rentables.

- Simplemente tiene una lista limitada de penny stocks de moda en los que puede invertir con confianza.

- El análisis proporcionado fue creado y programado por un comerciante experimentado.

Esta es una de las mejores estrategias para ganar dinero rápidamente con las acciones en lugar de a través de ensayo y error con cada inversión.

21. FORO.

Cada día, un número creciente de Money Makers se une al foro del dinero. Tienen la previsión y reconocen una ventaja potencial. Hay muchas maneras de ganar dinero en un foro. Aquí hay algunas técnicas eficaces.

1) Publica contenidos de calidad y haz crecer tu reputación!

Sin duda, este es uno de los mejores consejos para ganar dinero. Al mejorar su reputación, fomenta indirectamente la amistad y la confianza. Nadie confía su dinero o su tiempo a quien no conoce bien. Comparta sus opiniones de buena fe.

Nunca haga una promesa que no pueda cumplir. Desarrolla la confianza y la amistad, y pronto tendrás una red amplia y sólida. Pronto tendrá un equipo de constructores que trabajarán con usted para generar ingresos en línea como grupo. Los grandes socios de negocios son difíciles de descubrir, pero puedes anticipar muchos años de relaciones prósperas y grandes ganancias una vez que lo hagas. El límite es el cielo.

2.) Utilice su firma en el foro!

Utiliza servicios de URLs cortas como http://be8.biz para transformar tu larga URL en una versión más corta, lo que te permitirá mostrar más anuncios. El sistema de firmas está integrado en el foro y puedes utilizarlo libremente. La mayoría de los foros restringen el espacio de tu firma a 150 y 250 caracteres, así que asegúrate de aprovecharlo al máximo.

Las firmas son una forma eficaz de marketing. La mayoría de las personas harán clic en la firma de una persona creíble y probablemente se unirán al programa que promueve. Cuantos más mensajes tenga, más probabilidades habrá de que los creadores de dinero vean la publicidad de su firma.

Actualice su cuenta del foro para aumentar su exposición.

Por una cuota justa, puede actualizar su cuenta a una de pago en foros como http://www.Dreamteammoney.com. Su nombre de usuario aparecerá en un color diferente, y también recibirá impresiones gratuitas de banners. Tu nombre estará siempre visible en la portada, generando intriga y aumentando tu exposición.

La gente quiere conocerte y unirse al programa al que te unes para poder ganar dinero contigo. Pronto te darás cuenta de que tu lista de mensajería está creciendo, y conocerás a más personas que también están interesadas en ganar dinero en línea para que puedas continuar con este esfuerzo con tus compañeros del foro.

4.) Utilice los foros para mejorar su PageRank y ser indexado rápidamente por los principales motores de búsqueda.

Todos somos conscientes de que el PR puede aumentar el valor de un sitio web. La mayoría de los compradores favorecen a los sitios con un alto PR sobre aquellos con un pobre PR. Si su sitio web o blog recibe un índice o una clasificación de alto PR de un foro, aumentará su clasificación de PR. En un foro relacionado con el dinero, observé sitios con PR 1 que recibieron PR 2 después de sólo una semana de ser indexados por SE.

Si los principales motores de búsqueda no indexan su sitio, publicarlo en un foro con un alto PR y tráfico es una de las mejores soluciones. Los principales motores de búsqueda no tardarán en indexar su sitio, lo que supondrá un aumento de los visitantes indirectos. En Internet, el tráfico es igual a dinero. Obtener excelentes visitantes (Moneymakers) es esencial para ganar dinero en línea.

5.) Aproveche la experiencia de otros genios del dinero. Aprenda de sus errores!

Muchos usuarios del foro están encantados de compartir sus consejos y conocimientos con usted. Por ejemplo: si un miembro le enseña a ahorrar dinero de forma inteligente y usted ahorra otros 100 dólares al mes o 1.200 dólares al año, gana indirectamente otros 1.200 dólares en un año, y ese conocimiento, que es su activo, le sigue para siempre. Mejore siempre sus conocimientos aprendiendo de los entendidos. Muchos están dispuestos a compartir sus estrategias para ganar dinero, pero ¿está usted dispuesto a recibirlas?

El conocimiento es igual a poder y riqueza. Dedica siempre tiempo al foro para descubrir nuevas técnicas. Considera el foro de dinero de tu universidad para ganar dinero; muchos profesores están disponibles para servirte de mentor.

Hay muchas otras formas de ganar dinero en los foros. Recuerda que el cielo es el límite. Si estás dispuesto a intentar cosas nuevas, incluso las ideas más pequeñas pueden hacerte ganar una fortuna. Cada subforo dentro de un foro tiene su propósito.

Explora cada sección del foro y te sorprenderá lo que descubras.

Hacer dinero nunca ha sido tan fácil. Internet y la tecnología han ayudado a acercar el mundo. Ganar dinero siempre ha sido un esfuerzo de equipo. El mundo está ahí fuera para ti, y también lo está el foro gratuito que te conecta con los que hacen dinero de forma similar. Ahora te toca a ti aceptarlo.

22. TRABAJOS DE ENTRADA DE DATOS EN CASA.

Los trabajos de introducción de datos desde casa se encuentran entre las oportunidades de empleo más respetables y lucrativas de Internet. Estas vocaciones hacen la vida más fácil y cómoda a sus usuarios. Estos trabajos de introducción de datos son las únicas oportunidades legales y sencillas que existen en Internet.

Cada día, decenas de miles de personas exploran Internet en busca de formas de ganar dinero online y mejorar su nivel de vida. Los trabajos de entrada de datos en línea son las únicas oportunidades legítimas para ganar dinero desde casa. Así, es sencillo para sus clientes ganar dinero en línea, ya que pueden hacerlo desde la comodidad de sus hogares.

Estos trabajos de entrada de datos son completamente válidos y sencillos de realizar. La única habilidad requerida para completar este trabajo es el dominio del teclado. Cualquier persona con un poco de conocimiento de Internet y de mecanografía puede realizar este trabajo y ganar una cantidad considerable de dinero en línea.

Estos trabajos de entrada de datos son sencillos; sólo exigen que las personas rellenen formularios en línea para las empresas para las que deciden trabajar. Los formularios que rellenan los usuarios de este programa no son más que anuncios para estas empresas. Estas empresas le compensarán en forma de comisiones, que suelen ser sustanciales y se pagan puntualmente.

El número de comisiones dependerá del número de ventas generadas por las empresas como resultado de sus anuncios que aparecen en varios sitios web. No hay límite en cuanto a lo que puedes ganar con estos trabajos de introducción de datos, ya que los anuncios que creas se publican en varios sitios web, lo que facilita que los clientes compren los productos y aumenta tus comisiones.

Quiero seguir trabajando como empleado de entrada de datos en línea de forma indefinida y obtener unos ingresos considerables. La tasa de comisión media para este puesto oscila entre 30 y 35 dólares por venta. Esta cifra aumenta a medida que aumenta la experiencia del usuario. Gano aproximadamente 100 dólares a la semana, lo que equivale a un mínimo de 400 dólares al mes.

Estas ocupaciones tienen muchas ventajas, como trabajar desde casa y ser el propio empleador. Puedes aprovechar la formación que proporcionan para ayudarte a empezar en esta profesión y ganar unos ingresos considerables. Aproveche esta oportunidad y comience inmediatamente.

23. REDACCIÓN DE LIBROS.

Una de las formas más eficaces de ganar dinero con sus libros electrónicos es ofrecer únicamente contenidos de alta calidad. Sus obras deben ser informativas, estar bien escritas y ser prácticas para que usted pueda persuadir a los usuarios en línea para que hagan una compra efectiva. Cuando la gente se da cuenta de que proporcionas una información excelente, se siente inclinada a volver a por más e incluso puede promocionar tus ebooks a otras personas.

Aquí hay otras siete formas fantásticas de ganar dinero publicando eBooks:

1. Utilice títulos cautivadores. Los expertos dicen que la calidad de los títulos de sus libros determinará el 95% de su éxito. Si pueden atraer la atención en línea y emocionar a los consumidores de Internet, puede estar seguro de que las ventas de su libro se dispararán rápidamente.

2. Considere temas rentables. Será más fácil vender tus ebooks si escribes sobre temas increíblemente atractivos para los usuarios online. Puedes determinar simplemente qué temas se venderían como rosquillas en Internet realizando una investigación de palabras clave y preguntando a tus clientes potenciales qué información buscan.

3. Mantenga sus ebooks breves y directos. Debido a su limitada capacidad de atención, los consumidores en línea eligen libros electrónicos que sean sencillos de comprender y generalmente breves. Por lo tanto, utilice un lenguaje básico y explique sus puntos de vista e ideas en menos de 30 páginas.

4. Realice una investigación Todo el mundo quiere obtener ebooks con información completa, detallada y en profundidad para comprender el tema principal rápidamente. No se olvide de investigar al crear sus ebooks para obtener más información valiosa que pueda hacer que sus creaciones sean ricas en sustancia e informativas.

5. Aléjese de la ficción. La mayoría de los usuarios de Internet no pagarán dinero por algo que no pueda mejorar sus vidas. Por lo tanto, escriba sobre temas que puedan proporcionar a sus lectores conocimientos útiles, como guías paso a paso, y evite escribir sobre temas de ficción.

6. Lucha contra el bloqueo del escritor. Esto puede ser perjudicial para tu profesión de escritor porque te impide ser creativo. La buena noticia es que puedes evitar sentirte saturado escribiendo todos tus pensamientos y alejándote del ordenador al menos dos veces por semana.

7. Produce más ebooks. Ganarás más dinero con esta actividad si consigues aumentar el número de tus ebooks. Puedes conseguirlo aumentando tus horas de escritura o contratando a escritores fantasma para crear tu material.

24. VENDER EN EBAY.

Un número cada vez mayor de personas de todas las profesiones y condiciones sociales está descubriendo que puede mejorar su situación financiera a través de eBay. En esta sección se describen cinco métodos para generar ingresos en eBay.

En primer lugar, puedes hacer lo que muchos otros hacen y organizar una "venta de garaje" en Internet. Puede generar ingresos en eBay vendiendo artículos que ya no necesita. Cada semana, decenas de miles de personas se benefician de esta práctica.

En segundo lugar, puede ganar dinero en eBay ofreciendo cosas a los consumidores internacionales a través de su propia tienda de eBay.

En tercer lugar, con un espíritu similar, puedes ganar dinero en eBay vendiendo cosas que has hecho. Por ejemplo, puede vender sus productos artísticos en línea si tiene una inclinación artística.

En cuarto lugar, muchas personas venden productos en eBay para generar dinero para ellos mismos y para otros.

Por último, cuando se trata de ganar dinero en eBay, sus opciones son esencialmente ilimitadas. Los ingresos de eBay tienen el potencial de reforzar su situación financiera de forma significativa.

Puede perder dinero en gran parte de lo que hace con las subastas y eBay, pero también puede ganar dinero; uno de los factores más importantes es probar. Si hace pruebas, sabrá dónde invertir más y dónde invertir menos.

25. ORGANIZAR SEMINARIOS EN LÍNEA.

Con tanto escepticismo en torno al lanzamiento de un negocio en Internet, presentar seminarios web puede ser un método maravilloso para generar confianza con los posibles clientes, porque hay algo maravilloso en ver a la persona que te habla directamente en la pantalla que tienes delante.

Sin embargo, ¿sabía que además de generar ventas para su negocio (hasta un 10% de los asistentes a los seminarios web acaban comprando), presentar un seminario web también puede generar demanda de cosas que usted puede vender? Se trata de una excelente opción si quiere establecer un negocio en Internet pero no tiene un producto que vender.

A continuación te explicamos cómo puedes generar ingresos organizando un seminario web.

En primer lugar, invite a personas a un seminario web gratuito.

Este enfoque consiste en organizar un seminario web gratuito en el que usted ofrece una sesión de formación gratuita sobre un tema determinado. A continuación, tras el seminario web, les invitas a asistir a otros seminarios web contigo durante las siguientes siete, diez, doce o más semanas, durante las cuales les guiarás paso a paso por todo el proceso.

Como la mayoría de los programas de seminarios web tienen capacidad de grabación, puedes crear un curso completo en vídeo que podrías ofrecer en línea por 100, 200 o más libras esterlinas.

¿Qué debe incluir en su seminario web?

Encontrar contenidos para seminarios web es más fácil de lo que se piensa. Aquí tiene algunas recomendaciones para su consideración.

Cuente y muestre.

Cree una presentación de PowerPoint para demostrar la funcionalidad de su producto.

Piense en ello.

Supongamos que divide su presentación en siete secciones y desarrolla cuatro minutos de contenido para cada porción. En ese caso, tendrá suficiente información para un seminario web de 30 minutos antes de añadir una introducción.

Entrevistar a un especialista.

También puede invitar a un especialista en su tema para que responda a preguntas durante un seminario web. No es una noción totalmente novedosa, ya que este formato se ha utilizado mucho antes de la invención de los webinars, sobre todo en los teleseminarios y las conferencias telefónicas.

Una vez que haya filmado su serie de webinars y esté listo para venderlos, puede enviar una copia a sus expertos para que puedan utilizarlos de forma gratuita para ganar más visibilidad.

Puede llevar las cosas al siguiente nivel invitando a clientes potenciales a su primer seminario web de forma gratuita y cobrándoles por asistir a una serie de 12 seminarios web posteriores por una inversión única de su elección. 100 libras, 200 libras o incluso 400 libras.

Este puede ser un enfoque eficaz para generar ingresos por la realización de seminarios web.

Incluso puede conseguir que sus oponentes se unan a usted proponiendo una empresa conjunta.

Puedes ofrecerles anunciar sus webinars a tu lista de correo o viceversa y repartir los ingresos al 50%.

Será una cuestión de preferencia personal el software para seminarios web que utilice, pero organizar seminarios web puede ofrecer una oportunidad única de ganar una cantidad sustancial de dinero desde la comodidad de su sillón.

26. VOLTEO DE DOMINIOS.

Ha sido bastante intrigante saber que un individuo podría convertirse en un corredor de Internet y empezar a hacer ingresos en línea. Cuando escuchas "domain flipping", debes imaginarte comprando dominios o sitios web a bajo precio, proporcionando un valor mínimo o nulo, y vendiéndolos para obtener un beneficio. Se trata de otro método sin esfuerzo para conseguir dinero con el mínimo esfuerzo.

El flipping de dominios necesita poca educación formal. Es un negocio sencillo que incluso los adolescentes de los países en desarrollo llevan a cabo sin dificultad. Si un adolescente puede hacerlo, es que se trata de una diversión, un pasatiempo o una tarea sencilla.

El método requiere un mínimo de inventiva e inversión. Se puede adquirir un nombre de dominio creativo que pueda atraer un tráfico importante a un negocio y venderlo por un precio elevado al cabo de un tiempo o inmediatamente. El grado de creatividad que pueda tener en esta situación dependerá de su nivel de experiencia o competencia en su campo de trabajo.

Así de sencillo puede ser el proceso. Sólo necesitas estar cerca de un ordenador y una conexión a Internet; todo lo demás es opcional. No hay excusa para estar desempleado y con dificultades cuando el volteo de dominios sólo necesita unas pocas horas a la semana.

Tu nivel de dedicación tendrá un impacto significativo en la cantidad de dinero que ganarás. Si te esfuerzas más, ganarás más.

27. LANZAMIENTO DE PRODUCTOS.

Si tiene que lanzar un producto, ya sea uno antiguo que está retomando o uno nuevo, puede darle una despedida digna siguiendo los procedimientos correctos. Lanzar un producto rápidamente no tiene por qué ser un reto, pero necesitará una estrategia.

En primer lugar, hay que pensar en el futuro. Deberá asegurarse de que los comunicados de prensa, las historias, las imágenes, etc., estén escritos, cubiertos y tomados con meses de antelación. Aunque tenga que hacer pequeños ajustes en la información a medida que se acerque la fecha límite, la mayor parte del trabajo estará terminado.

Lo mejor sería que también tuviera un plan de promoción continua a través de blogs, foros, salas de chat, etc. Además, prepare todos los paquetes publicitarios e informativos impresos con dos semanas de antelación. Unos días antes del lanzamiento confirmado del producto, prepare un kit de prensa y dele los últimos retoques. A menudo, el lanzamiento rápido de un producto es una cuestión de planificación.

Además, asegúrese de tener un plan de reserva para cada promoción. Si su producto tiene que hacer una aparición en un centro comercial, por ejemplo, prepárese con una fecha de reserva por si se le pasa la hora. A veces estas cosas ocurren sin que usted tenga la culpa. Por lo tanto, debe estar preparado.

Asegúrese de cubrir todas las plataformas de medios de comunicación durante el lanzamiento inicial. Envíe comunicados de prensa de preproducción a todos los medios de comunicación, cree anuncios de radio y televisión con antelación y tenga listos los anuncios impresos si quiere lanzar un producto rápidamente. No hay que dejar nada al azar.

28. SITIOS WEB DE AFILIACIÓN.

Muchas personas creen que el desarrollo de un sitio web de membresía necesita una enorme cantidad de esfuerzo si se crea un sitio de membresía "convencional", sí.

Deberían:

* Un compromiso sustancial de tiempo.

* Contenido que debe ser actualizado continuamente.

* Scripts caros y extensos.

* Moderación del foro.

Sin embargo, si construye un sitio de membresía con un "plazo fijo", no tendrá estas responsabilidades.

Todo lo que se requiere es lo siguiente:

* Un artículo de 2 a 5 páginas cada semana.

* Un autorespondedor (a medida que escribe las lecciones, las carga en su autorespondedor, que entrega sus lecciones automáticamente a sus suscriptores en los días que usted determine)

* Un sistema de pagos recurrentes (como PayPal o ClickBank)

* Una duración predeterminada para su membresía (3, 6, 9 o 12 meses)

Y eso es todo.

Los sitios de membresía de duración determinada son la forma más sencilla y lucrativa de generar ingresos residuales en línea. Invertir de 2 a 5 horas por semana es todo lo que se necesita para obtener un ingreso mensual en Internet; es así de simple.

El funcionamiento es el siguiente:

Un visitante de su sitio web se suscribe a su boletín informativo. A continuación, introduce su nombre y dirección de correo electrónico en una "página de captura" que envía los datos a su autorespondedor. A continuación, tu autorespondedor les envía por correo electrónico sus lecciones (normalmente cada semana o cuando tú especifiques).

29. PROGRAMAS DE ALTO NIVEL.

Seguro que has oído hablar de los pesos pesados, personas que ganan tanto dinero en Internet que apenas pueden seguir el ritmo. Son pocos y están alejados, pero todos poseen un secreto que tú no tienes.

Utilizan programas de primer nivel para generar importantes cantidades de dinero, que pueden invertir en la promoción de programas de nivel inferior para obtener futuros beneficios. Este enfoque infalible asegurará que su negocio crezca el doble o quizás el triple de rápido que los que entienden cómo generar ingresos en línea.

¿Qué es un programa de vanguardia?

Un programa premier es una oportunidad de negocio que le permite generar un ingreso mensual sustancial al instante. A diferencia de las oportunidades de MLM, no es necesario reclutar a cientos de personas antes de poder ganar dinero en línea.

Estos programas tienen un coste inicial elevado, pero proporcionan un valor excelente. Por lo general, usted recibirá algunas de las mejores herramientas de marketing y un mentor personal que le guiará en el camino hacia el éxito con sus conocimientos y consejos. No hay otros programas de formación que proporcionen una instrucción superior.

Funcionalidad del programa.

Los programas Premium tienen una cuota de entrada elevada. Esto puede desanimar a aquellos que no están comprometidos con el éxito en su deseo de ganar dinero en línea, lo que puede ser otra razón por la que estos programas tienen una alta tasa de éxito.

En la mayoría de los programas, sólo un 3% de las personas ganan dinero en línea, mientras que el 97% fracasa. Sin embargo, con un programa de primer nivel, las cifras se invierten, con un 97% de personas que tienen éxito y generan dinero y sólo un 3% que fracasa.

Basta con unas pocas ventas para recuperar la inversión inicial; después, todo son beneficios. Los sistemas de primer nivel son fácilmente reproducibles, y prácticamente cualquiera puede aprender a hacer funcionar el sistema en cuestión de días, gracias a sus eficaces estrategias de marketing e instrucción. No hay un método más rápido ni más sencillo.

Quién debe elegir uno?

Si está interesado, tendrá que hacer un compromiso inicial considerable. Un punto de partida decente es de 2.000 a 4.000 dólares para asegurarse de que tiene lo suficiente para comprar en el programa y gastar en la primera promoción para generar las ventas iniciales necesarias para mantener la máquina en funcionamiento. Además del coste inicial, también se necesitará tiempo.

Normalmente, se necesitan cuatro días de 4 horas para la formación, el aprendizaje y la puesta en marcha. Después, tendrá que ser capaz de dedicar tiempo. El requisito mínimo es de 1 a 2 horas diarias, cuatro días a la semana.

Debe añadir más si realmente quiere acelerar el proceso. Además de un teléfono y una conexión a Internet, debe tener un plan de larga distancia ilimitada, ya que hará muchas llamadas. Cumpla con estos requisitos previos y ganará dinero en línea rápidamente.

Los beneficios que obtendrá.

Si cumples los requisitos y crees que un programa como éste se adapta a ti, serás recompensado con creces. Cuando haya perfeccionado el sistema, tendrá mucho más tiempo libre y probablemente ganará el doble de dinero con la mitad de esfuerzo.

Incluso una modesta inversión en un programa de primer nivel generará un ingreso mensual de cinco cifras a partir del primer mes. Si tiene la suerte de invertir entre 3.000 y 4.000 dólares, a menudo se encontrará ganando un ingreso de cinco cifras semanales con una dificultad mínima.

30. TUTORÍA EN LÍNEA.

Tienes tres opciones: la tutoría profesional, la tutoría especializada y la tutoría a tiempo parcial. Para ayudarte a comprender mejor tus opciones, aquí tienes algunas explicaciones adicionales sobre tus distintas opciones.

Tutoría voluntaria.

Tanto los estudiantes como los profesionales apreciarán la adaptabilidad que proporcionan estos artículos. Sin embargo, dado que son a tiempo parcial, primero debe asegurarse un empleo en una corporación o negocio de Internet y prepararse para ello. Esta puede ser una opción fantástica si buscas una forma sencilla de ganar dinero extra de forma paralela.

Trabajar como freelance también es una opción, pero puede ser difícil manejar las transacciones y negociaciones si estás ocupado con otro esfuerzo. Al ser "contratado" en línea, puede obtener un flujo regular de "estudiantes" con un esfuerzo mínimo.

Tutoría profesional.

Con el reciente aumento de la popularidad del mercado laboral en línea, los trabajos de tutoría en línea son ahora una opción profesional viable. Lo bueno de esto es que hay numerosas formas de conseguirlo.

Puedes trabajar como autónomo o crear una empresa que ofrezca estos servicios. Algunos pueden argumentar que esto no se califica como un trabajo de tutoría en línea, pero ya que es probable que comience a impartir las clases usted mismo, todavía permite como tal.

Tutoría personalizada.

Este enfoque, tal vez el más frecuente de todos, está disponible hoy en día en varios formatos. Técnicamente, incluso los servicios de "coaching" uno a uno se califican como tutoría especializada, ya que usted seguirá operando como "guía" e instruyendo a su cliente en línea.

Hay varias oportunidades para ganar dinero en línea si tienes algo de tiempo libre. Puedes explorar la posibilidad de trabajar como tutor en línea para ayudar a otras personas con sus dificultades académicas. Tus ingresos determinarán tu rendimiento como tutor y la cantidad de tiempo y esfuerzo que inviertas.

Los temas que requieren más tutoría son las ciencias (química y física) y las matemáticas (álgebra). La demanda es tan alta porque hay un impulso para que más estudiantes se matriculen en estas asignaturas. Su experiencia en estas áreas hace que la enseñanza online sea una gran opción.

Los puestos disponibles se pueden encontrar en sitios web que anuncian trabajos de tutoría. En el sitio web, encontrará las cualificaciones y los requisitos previos necesarios. Mientras navega por los sitios web, tenga en cuenta el proceso de solicitud, que variará de un sitio a otro.

Es probable que la solicitud incluya una prueba y una forma de rellenarla. Presente su solicitud en el mayor número posible de sitios web que anuncien puestos de enseñanza, lo que aumentará sus probabilidades de éxito. Te evaluarán para asegurarse de que tu experiencia es legítima. Le informarán si su solicitud ha sido aceptada.

Hay que determinar tus horas de enseñanza, ya que la mayoría de las empresas que buscan tutores quieren un número mínimo de horas a la semana. Es un requisito mínimo, aunque es posible trabajar más. Esto depende enteramente de usted, siempre que su horario lo permita. La mayoría de las empresas limitan las horas semanales a treinta.

Al menos una vez al mes, recibirá un pago bancario directo o un cheque por correo. Es proporcional al número de horas realizadas. Durante el proceso de solicitud, se describe el método de compensación. Debe rellenar un documento de acuerdo antes de empezar a trabajar.

La agencia de tutoría que le contrate le proporcionará los alumnos. También recibirás el material imprescindible para asegurar tu éxito. Asegura el cumplimiento de los protocolos. Si tienes alguna duda, pide aclaraciones a tu agente de tutoría.

El hecho de tener alumnos de distintos orígenes y condiciones sociales puede hacer que ser tutor online sea satisfactorio y emocionante. Mientras das clases particulares, ganas dinero y experimentas la emoción de ayudar a otra persona.

CONCLUSIÓN.

Como puede o no saber, abrir un negocio no es fácil. Requiere mucha planificación, incluido el análisis del mercado local, un local, algo de personal y una cantidad considerable de equipo operativo.

No porque no hayas investigado, sino porque esa es la naturaleza de los negocios; todas estas necesidades supondrán un gasto considerable y un gran peligro de que las cosas no sucedan como estaba previsto.

Evidentemente, cuanto más se preste atención a los detalles y más exhaustiva sea la planificación, mayores serán las probabilidades de éxito. En cualquier caso, un negocio convencional de este tipo le cargará con muchos gastos que le impedirán ganar un solo dólar durante al menos un año.

Por lo tanto, aunque emprender es el camino a seguir, es posible desarrollar y operar un negocio rentable del que puedas ganar suficiente dinero para vivir cómodamente sin el estrés de tener miles de dólares en riesgo durante meses o incluso años.

Entonces, ¿cuál es la respuesta a tu impulso emprendedor si no tienes el capital o no te gusta arriesgar demasiado pero deseas ganar dinero rápidamente?

Empezar un negocio en Internet, que es mucho más que vender en eBay o Amazon. Sé que un negocio de comercio electrónico puede ser lucrativo. Sin embargo, después de muchos años de ganarse la vida en Internet, prefiero soluciones más eficientes en cuanto a tiempo y costes que ofrezcan un mejor potencial de crecimiento a corto y largo plazo, empezando con aportaciones relativamente mínimas.

El marketing en Internet es un claro ejemplo - aunque no el único- de este tipo de oportunidades, ya que permite desarrollar un negocio sostenible capaz de generar miles de dólares en ingresos mensuales sin arriesgar miles de dólares.

El marketing en Internet es, sin duda, más una cuestión de conocimiento que de inversión. Así, mientras que una empresa tradicional necesita un 60% de inversión de capital y un 40% de conocimientos técnicos, un negocio online basado en el marketing en Internet necesitará un 5% de inversión de capital (principalmente en recursos educativos) y un 95% de conocimientos técnicos.

Esto significa que usted arriesgará tiempo y esfuerzo en lugar de dinero cuando realice negocios en línea a través del marketing en Internet o cualquier otro método que le permita llevar a cabo su organización en línea.

Sin embargo, esto no implica que pueda permitirse el lujo de ser derrochador, ya que su tiempo y su esfuerzo son recursos igualmente valiosos (recuerde que el tiempo es dinero). Aunque tengas poco o nada de dinero, tienes todo lo necesario para dirigir un gran negocio ahora mismo, con la tranquilidad de que no tienes nada que perder más que parte de tu energía, que es un recurso renovable.

Por lo tanto, si usted comienza un negocio en línea, usted tendrá espacio para el ensayo y error sin temor a perder una fortuna y la clara ventaja de que muchas opciones de negocios en línea, tales como la comercialización de Internet, el comercio de divisas, y el comercio de acciones ofrecen, que es la capacidad de entregar resultados reales en cuestión de días de haber comenzado, suponiendo que tiene las herramientas y los recursos adecuados a su disposición.

Habilidades de gestión para directivos.

1. Gestión del tiempo para directivos
2. Coaching de empleados para directivos
3. Creación de equipos para directivos
4. Confianza en sí mismo para directivos
5. Habilidades de negociación para directivos
6. Habilidades de atención al cliente para directivos
7. Asertividad para directivos
8. Etiqueta empresarial para directivos
9. Habilidades de escucha para directivos
10. Habilidades de liderazgo para directivos
11. Habilidades de comunicación para directivos
12. Habilidades de presentación para directivos
13. Gestión del estrés para directivos
14. Toma de decisiones para directivos
15. Gestión de conflictos para directivos.

Serie: Libertad financiera a cualquier edad.

- Lograr la libertad financiera a los 20 años
- Conseguir la libertad financiera a los 30 años
- Conseguir la libertad financiera a los 40 años
- Conseguir la libertad financiera a los 50 años
- Conseguir la libertad financiera a los 60 años
- Alcanzar la libertad financiera a los 70 años y más.
- Conseguir la libertad financiera en los niños
- Lograr la libertad financiera en los adolescentes
- Lograr la Libertad Financiera en los estudiantes universitarios.
- Estafas financieras a tener en cuenta en la jubilación.

Serie: Finanzas personales para usted.
- ➢ Compra y venta de criptomonedas para principiantes
- ➢ Por qué tiene sentido invertir en Acciones de dividendos.

Serie: Riqueza 2022.

- ➢ Emprendimiento en línea.
- ➢ Empezar su propio negocio
- ➢ Gestión de la riqueza
- ➢ Ingresos pasivos.
- ➢ 12 pasos para iniciar su propio negocio.

Serie: Excelente servicio de atención al cliente.

- ➢ Excelente servicio de atención al cliente en el comercio minorista
- ➢ Excelente servicio de atención al cliente en comida rápida
- ➢ Servicio de atención al cliente excelente en restaurantes de servicio completo
- ➢ Excelente Servicio al Cliente en la Enseñanza
- ➢ Excelente servicio de atención al cliente en el sector inmobiliario

- Excelente Servicio de Atención al Cliente en un Centro de Llamadas
- Excelente Servicio de Atención al Cliente como Recepcionista
- Excelente Servicio al Cliente en un Hotel
- Excelente Atención al Cliente en la Venta
- Excelente Atención al Cliente sin importar la situación
- Excelente Atención al Cliente en Consultorio Dental
- Excelente Atención al Cliente en Consultorio Médico.

Serie: Dinero rápido.

- Dinero rápido en una semana
- Dinero rápido en un fin de semana
- Dinero rápido en un mes
- Dinero rápido para estudiantes.

Serie: Cómo promocionar.

- Cómo hacer que su negocio prospere durante una recesión
- Cómo promocionar su libro de recetas
- Cómo promocionar su libro infantil.

Biografía del autor

D.K. Hawkins A D.K. le gusta leer libros de negocios personales, así como pasar tiempo al aire libre. Más libros vendrán en esta colección, así que por favor siga en Amazon para más libros.

Gracias por su compra de este libro.

Honestamente lo aprecio y te aprecio a ti, mi excelente cliente.

Que Dios le bendiga.

D.K. Hawkins.

www.ingramcontent.com/pod-product-compliance
Lightning Source LLC
Chambersburg PA
CBHW071126240526
45465CB00024B/1393